René Reiche/Bettina Wilberg

Funky Faces

Masken für Herbst und Halloween

verlag reiche & wilberg

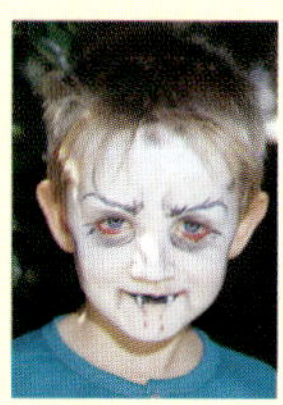

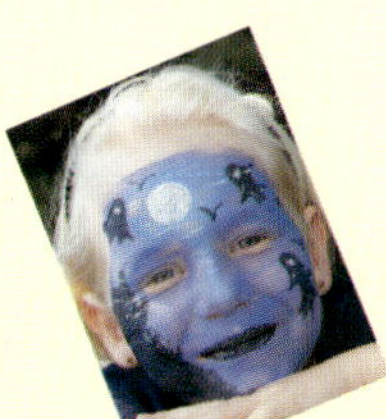

Liebe Schminkwütige,

wir haben uns riesig über all die positiven Reaktionen auf unser Erstlingswerk *„Funky Faces - Phantastische Masken einfach und schnell"* gefreut – und seit einem Jahr häufen sich auch die Anfragen nach einer Neuerscheinung.

Nun ist es soweit: Dieses Buch ist der Startschuß zu einer (vorerst) vierteiligen „Funky Faces"-Reihe, die Sie durch das Jahr begleiten wird. Alle drei Monate erwartet Sie ein kleiner Fundus an Ideen und Anregungen für Masken, die zu der jeweiligen Jahreszeit passen.

Dabei werden wir darauf achten, ganz einfache Motive für den Anfänger mit kleinen Herausforderungen für den Fortgeschrittenen zu kombinieren.

Viel Schminkvergnügen wünschen

Bettina Wilberg

René Reiche

Janja Großmann

Water Makeup

Die beliebte Schminke auf Wasserbasis hat inzwischen die traditionelle Fettschminke aus dem Bereich der Gesichtsbemalung völlig verdrängt. Water Makeup erfüllt alle Anforderungen, die an Kinderschminke gestellt werden: Leuchtende Farben, einfache Handhabung, lange Haltbarkeit und die Schminke ist leicht mit Wasser und Seife wieder zu entfernen.

Im guten Fachhandel ist Water Makeup in Paletten und einzeln in Dosen erhältlich. Wenn Sie gerade erst beginnen, empfehlen wir den Kauf von Paletten, damit Sie herausfinden können, welche Farben Sie am häufigsten benutzen.
Danach lohnt sich die Anschaffung von einzelnen Döschen, da diese ein besseres Preis-Leistungs-Verhältnis bieten.

Schwämmchen

Zum großflächigen Auftragen von Water Makeup benötigen Sie Makeup-Schwämmchen. Es gibt keine schnellere und gleichmäßigere Art, mit Water Makeup zu grundieren oder größere Flächen einzufärben. Die Makeup-Schwämmchen sollten – auch angefeuchtet – über ausreichend Festigkeit verfügen und eine glatte Kante haben, mit der man die Farbflächen gut abgrenzen kann. Makeup-Schwämmchen kann man nie genug haben. Legen Sie sich einen kleinen Vorrat an, damit Sie für jede Farbe, die Sie großflächig auftragen möchten, mindestens ein Schwämmchen haben.

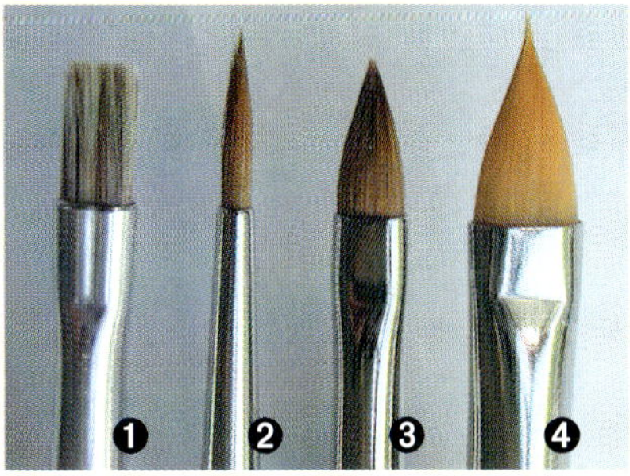

Pinsel

Für noch etwas unsichere Kinderhände empfehlen wir die günstigen Rinderhaarpinsel (❶), für die routiniertere Schminkerin Marder-(❷ + ❸) oder Toray-Haarpinsel (❹). Als Pinselform eignet sich am besten der rundgebundene Pinsel (❷) oder der Pinsel mit Katzenzungenform (❸ + ❹) – jeweils in den Zwingengrößen 2 mm, 4 mm und 6 mm.

Glitter

Mit Glitter verleihen Sie jeder Maske einen besonderen Zauber. Er ist ein wichtiges Hilfsmittel, dass vor allem Kinder lieben. Ganz besondere Effekte erzielen Sie mit Hologrammglitter, der in allen Regenbogenfarben schimmert und damit universell einsetzbar ist. Achten Sie beim Kauf unbedingt darauf, dass es sich um 100 % Polyesterglitter ohne Metallbestandteile handelt. Sie vermeiden damit eine Verletzungsgefahr der Kinder.

Zähne

Künstliche Zähne für Vampire oder Werwölfe gibt es von einem einfachen Plastikgebiß bis hin zu formvollendeten Kunstzähnen, die sich nicht mehr von den eigenen unterscheiden lassen. Die hier abgebildeten sind im gut sortierten Fachhandel erhältlich und lassen sich mit Hilfe spezieller Thermoplastik an jeden Zahn anpassen.

Zubehör

Zur Vervollständigung Ihres Setups fehlen Ihnen jetzt noch: ❍ eine Zahnbürste zum Einfärben der Haare, ❍ Kosmetikschwämme zum Abstreifen der Pinsel, ❍ ein Wasserbehälter für warmes Wasser zum Ausspülen des Pinsels, ❍ ein Spiegel, ❍ Feuchttücher zum Säubern verklebter Münder und Entfernen kleinerer Fehler.

Halloween

Halloween, der 31. Oktober wird heute vor allem in Amerika und England gefeiert. Kinder verkleiden sich und ziehen in der Nachbarschaft von Haus zu Haus. Mit der Aufforderung „Trick or Treat" (Streich oder Süßigkeiten) treiben sie Bonbons und andere Schleckereien ein. Werden Ihnen diese verwehrt, so können Sie dem betreffenden Hauseigentümer einen Streich spielen.

Das Hauptsymbol Halloweens ist der ausgehöhlte Kürbis mit eingeschnitztem Gesicht, der von innen mit einer Kerze beleuchtet wird: „Jack-O-Lantern" oder einfach „Jack". Daneben finden sich allerhand furchterregende Gestalten wie Gespenster, Hexen, Monster, Vampire, Teufel und Dämonen.

Woher kommt Halloween?

Die alten Kelten feierten vor 2000 Jahren zum Ende des Sommers das Fest „Samhain", das keltische Neujahr und auch das Fest des Todes und der Seelen, das Fest Allerheiligen (="All Hallows Eve"). Es signalisierte die herannahende Ernte und den Beginn des Winters.

Sie glaubten, dass ihre Toten in ein Land ewiger Jugend und Glücks gingen oder inmitten von Feen und Geistern in den Wäldern Irlands und Schottlands lebten. Gewisse Tage und Momente galten als magische Zeiten. Dies waren meist Zeitpunkte, an denen zwei unterschiedliche Dinge wie Tag und Nacht oder Ebbe und Flut aufeinander trafen. Eine ganz besondere Magie hatte die Nacht, in der sich das alte und das neue Jahr trafen („Samhain"). Die Kelten glaubten, dass in dieser Nacht die Grenzen der Welten verschwimmen, die Gesetze zwischen Raum und Zeit aufgehoben werden. In dieser Zeit konnte man nochmals Kontakt zu seinen Ahnen aufnehmen. Viele stellten Milch und Essen auf die Eingangsstufen ihrer Häuser, um guten Feen, Geistern und den Seelen der Verstorbenen etwas Gutes zu tun und somit für ein gutes neues Jahr zu bitten.

Der Sage nach gab es aber auch gefährliche Geister und ruhelose Seelen, die in dieser Nacht auf der Suche nach einem Körper waren, den sie für das kommende Jahr in Besitz nehmen konnten. Um die Toten abzuschrecken, löschten die Lebenden die Herdfeuer und machten ihre Häuser so kalt und unfreundlich wie nur möglich. Sie verkleideten sich auch möglichst furchterregend, um die Geister abzuschrecken.

Der Brauch des „Trick-or-Treat" könnte von jenen stammen, die in dieser Zeit als Feen und Geister verkleidet von Haus zu Haus zogen und um Gaben für die Geister und Verstorbenen bettelten. Waren sie nicht erfolgreich, spielten sie dem Hauseigentümer einen Streich. Und da manche von Ihnen dabei eine selbst geschnitze Laterne trugen, ist dies auch sehr wahrscheinlich der Ursprung von Jack-O-Lantern.

Die irische Folklore erzählt hingegen von einem Mann namens Jack, einem Trinker und Betrüger, der den Teufel mit einem Trick dazu brachte, auf einen Baum zu klettern. Als der Teufel oben war, schnitzte Jack ein Kreuz in den Stamm und der Teufel war in der Baumkrone gefangen. Jack vereinbarte dann, dass er ihn wieder herunterlassen würde, wenn der Teufel ihm verspräche, niemals seine Seele zu nehmen. Als Jack starb, wurde ihm der Zutritt zum Himmel verwehrt, da er nur Böses getan hatte. Doch auch die Hölle blieb versperrt, da der Teufel sich an sein Versprechen hielt. Er gab ihm nur einen kleinen Scheit direkt aus dem Fegefeuer, mit dem er von nun an durch die völlige Dunkelheit wandern musste. Diesen glühenden Scheit steckte Jack in eine ausgehöhlte Rübe, damit er länger glühte. Die Iren verwendeten deshalb auch zuerst Rüben für die Laternen, aber als viele von ihnen Mitte des 19. Jahrhunderts nach Amerika kamen, fanden sie Kürbisse viel zahlreicher vor, so dass der Jack-o-Lantern fortan aus einem Kürbis und einem Licht bestand.

Ganz egal, wo und wie sie diese Nacht verbringen werden, wir wünschen Ihnen

HAPPY HALLOWEEN

1

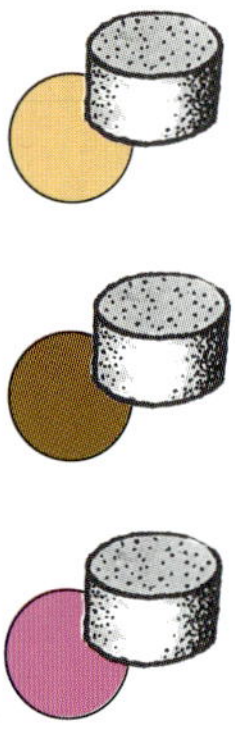

2

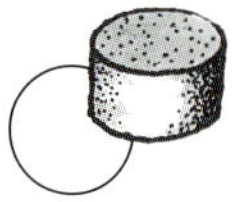

3

„Fledermaus"

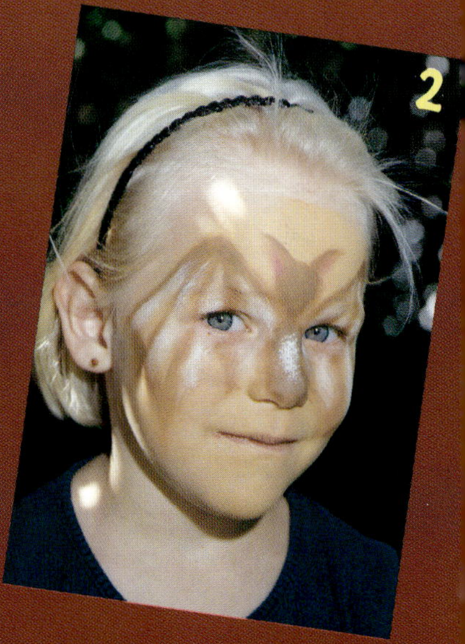

„Totentanz"

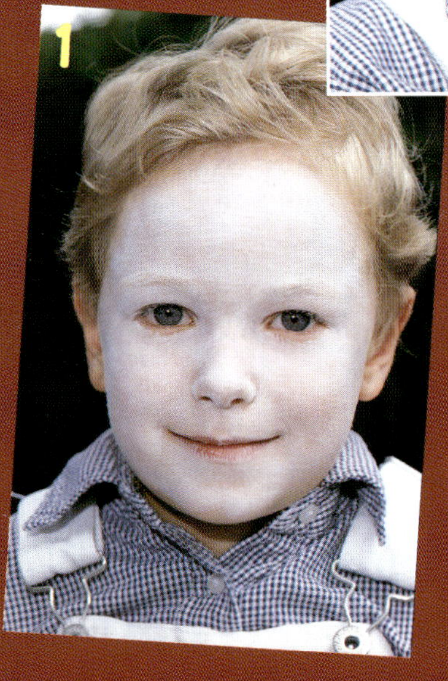

1

2

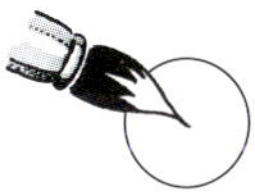

3

1

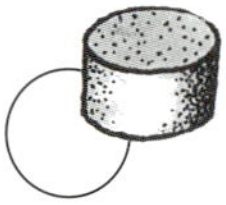

2

3

„Hexe"

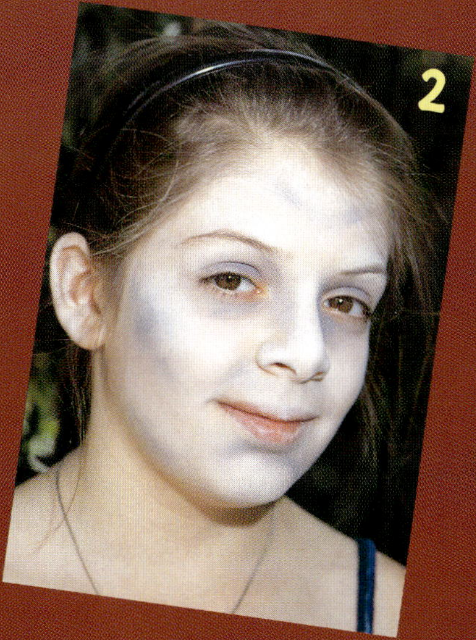

„Teufel"

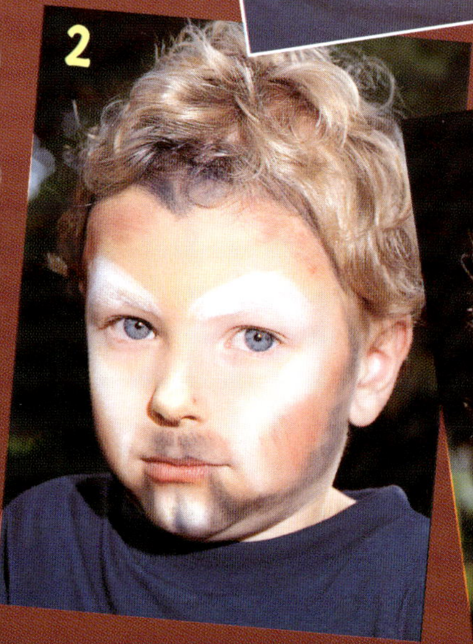

1

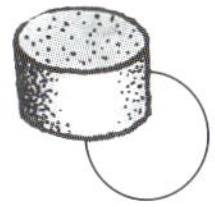

2

3

„Dracula"

1

2

3

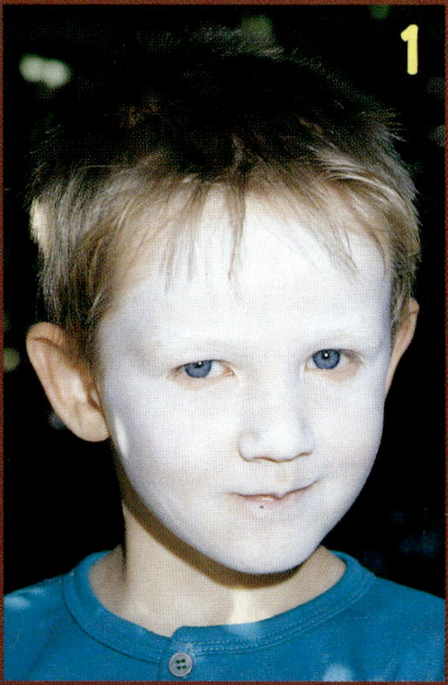

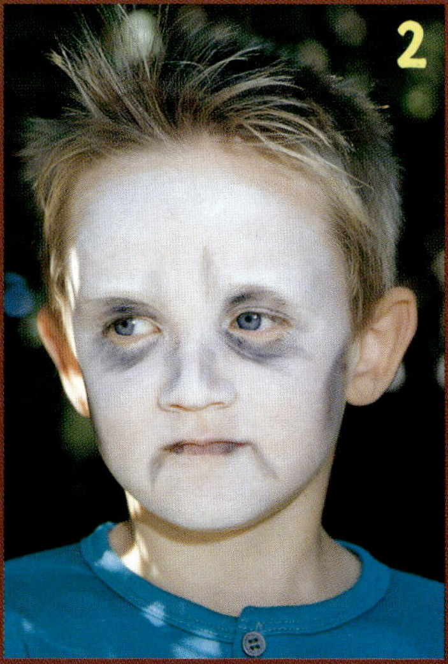

„Werwolf"

1

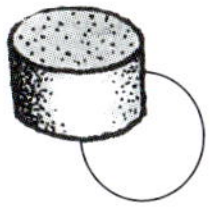

2

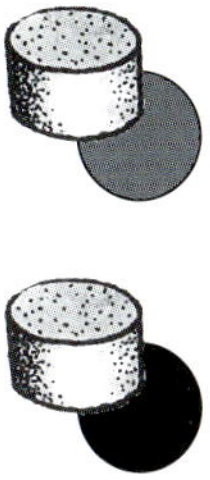

3

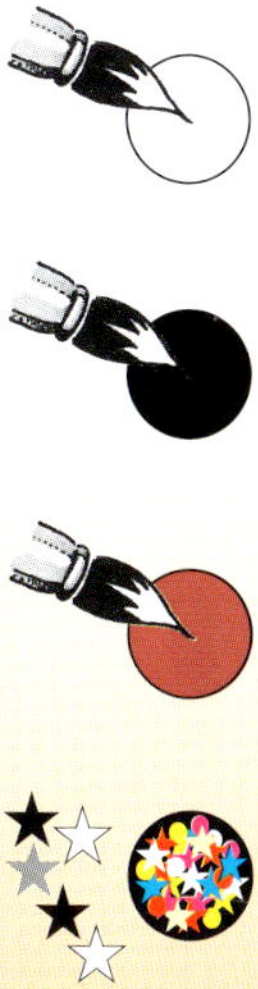

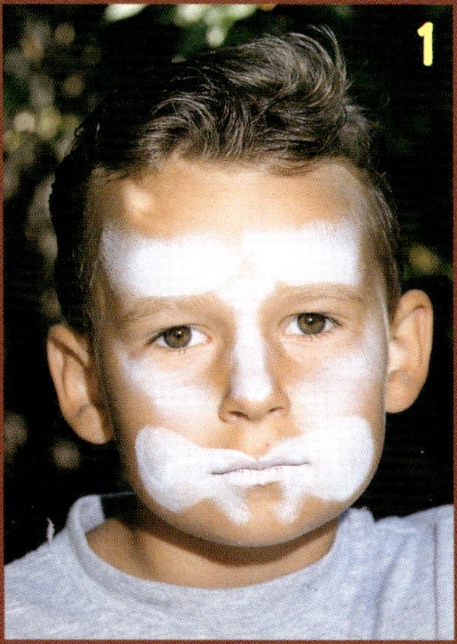

„Kürbis"

1

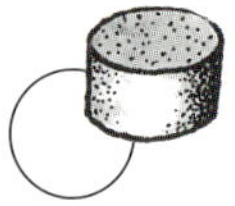

2

3

„Jack"

1

2

3

„Gruftie"

1

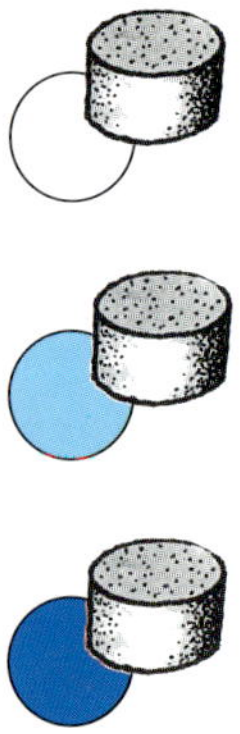

2

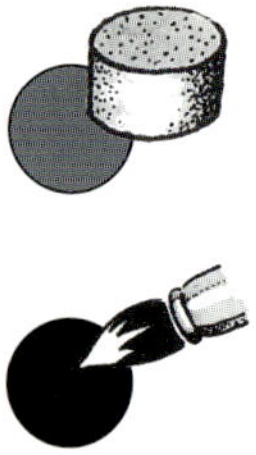

3

3

2

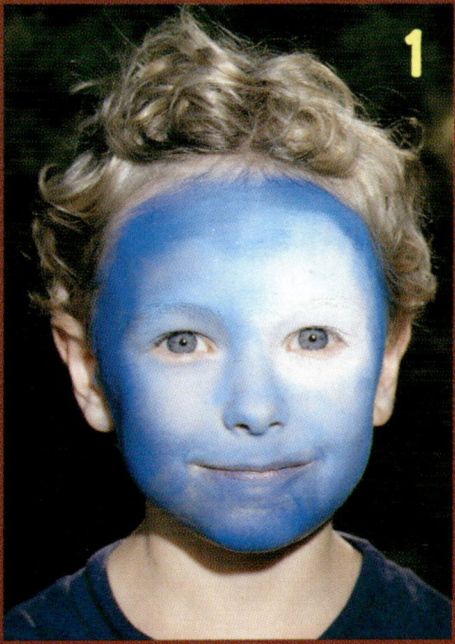

1

„Spukschloß"

1

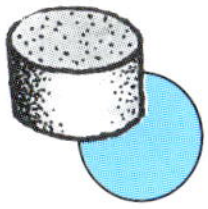

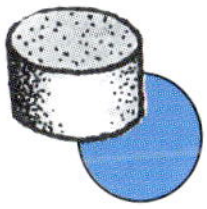

2

3

1

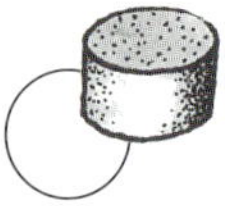

2

3

„Drache"

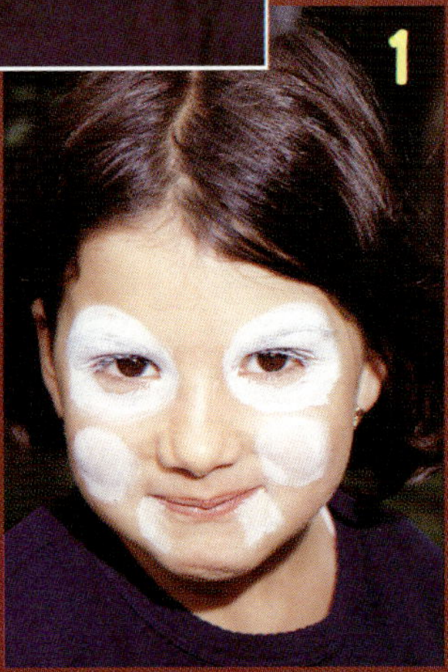

„Schwarze Katze"

1

2

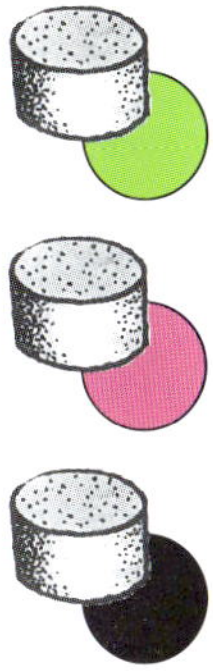

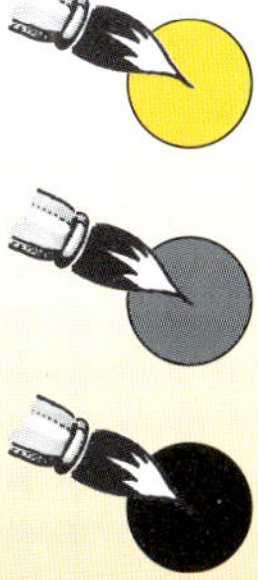

3

3

1

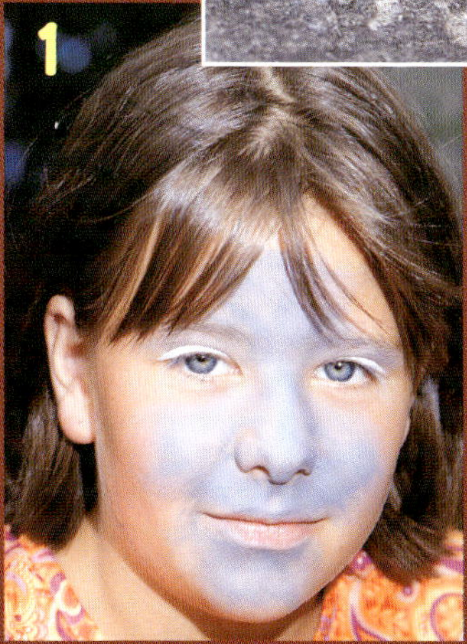

2

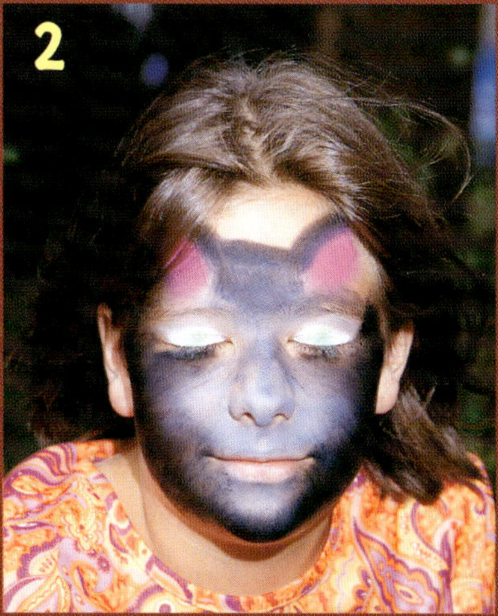

„Ratte"

1

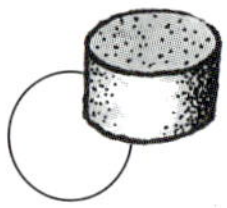

2

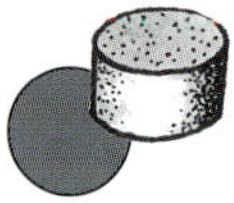

3

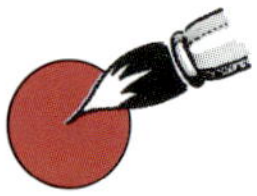

„Raben"

3

1

2

1

2

3

1

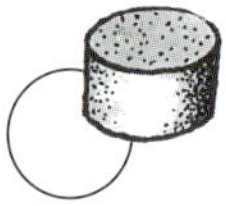

2

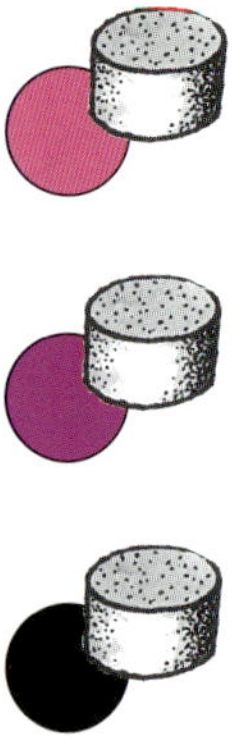

3

„Böse Fee"

„Monster"

1

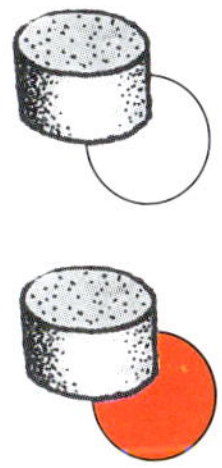

2

3

„St. Martin"

1

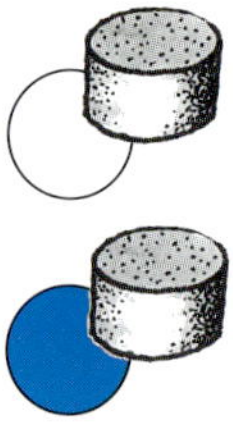

2

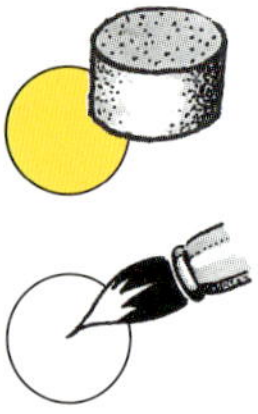

3

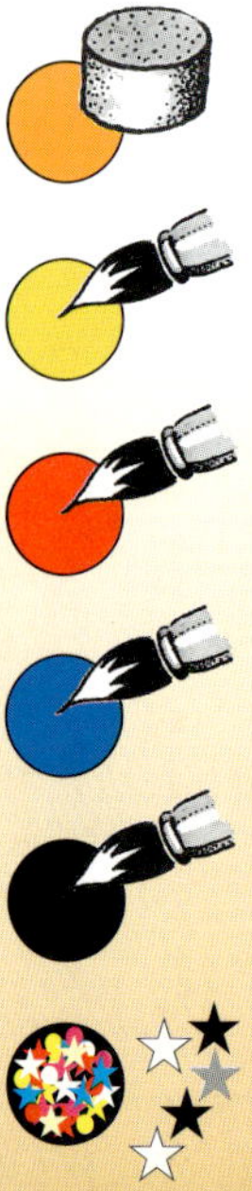

„Hungrige Igel"

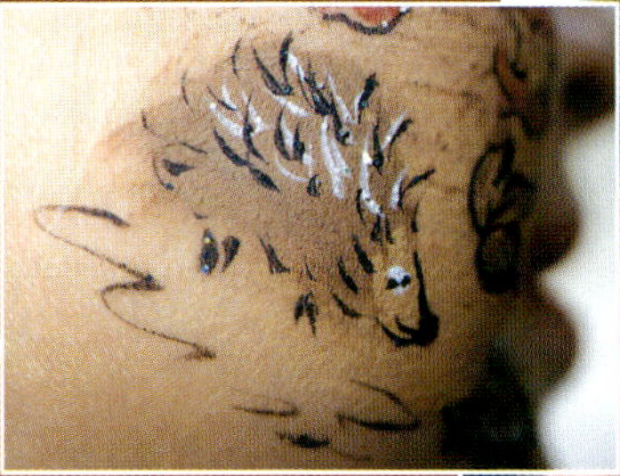

1

2

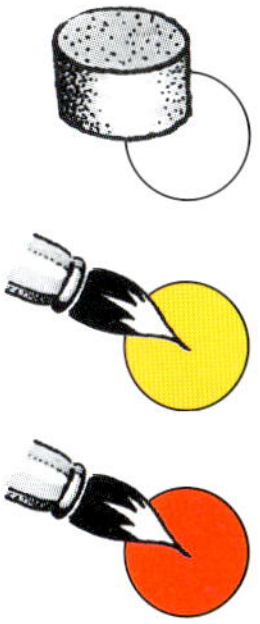

3

„Herbststimmung"

1

2

3

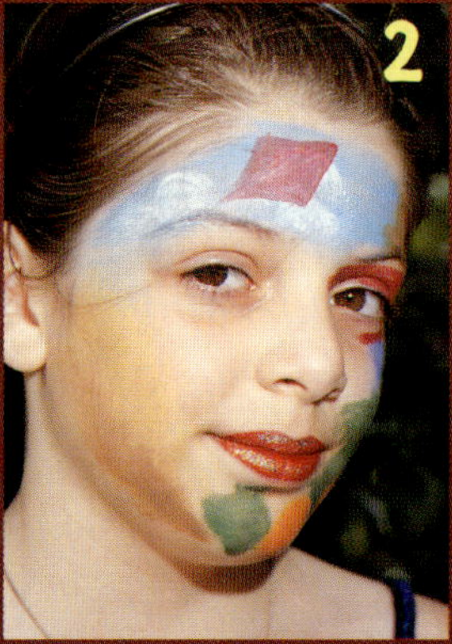

„Feldhamster"

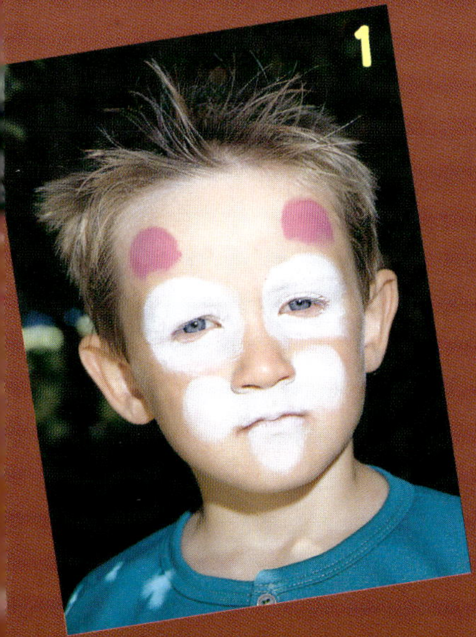

1

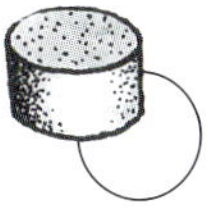

2

3

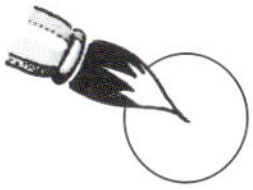

IMPRESSUM

Printed in Germany
ISBN 3-935341-01-6

Make-up Artists:
Bettina Wilberg
Janja Großmann

Illustrationen:
Bettina Wilberg

Fotos:
René Reiche

Layout/Produktion:
HellaDesign, Freiburg
Tel. +49 761 38 69 615
Fax +49 761 38 69 616

Belichtung:
Skript Medientechnik
Freiburg

Druck:
Offsetdruck Bernauer
Freiburg

Verlagsanschrift:
verlag reiche & wilberg
Tullastr. 38
79108 Freiburg
Tel. +49 761 50 04 33
Fax +49 761 50 04 46
Web: www.funkyfaces.de
Email: info@funkyfaces.de

Wir danken der Firma „**objektiv**" Fotomechanik Freiburg für ihre Unterstützung.